AF349679

10. avril 1634.

LETTRES

PATENTES EN FORME

de Priuilege, pour le transport
& entrée dans le Royaume, des
Orangers & autres Plantes rares.
Auec defenses à toutes personnes d'en faire venir, sauf és dénommez audit Priuilege.

A PARIS,

Par A. ESTIENE, P. METTAYER & C. PREvost, Imprimeurs ordinaires du Roy.

M. DC. XXXIV.

Auec Priuilege de sa Maiesté.

LOVIS par la grace de Dieu Roy de Fráce & de Nauarre, A tous ceux qui ces presétes Lettres verront, Salut. AYANT eu deſſein de longue-main de faire remplir les Orangeries de nos Maiſons royales du Louure & Thuileries, Fontaine-bleau, Sainct Germain, Verſailles, & Chantilly, de toutes ſortes d'arbres rares venans des terres de noſtre obeiſſance, & des Pays eſtrangers, comme Citronniers, Poncilliers, Orangers, Grenadiers, Spadafores, Iaſſemins, Mirthes, & autres arbres & plans qui conſeruent en toute ſaiſon leur verdure : & n'ayant peu l'effectuer iuſques à preſent, deſi-

reux neantmoins d'enrichir & de-
corer noſdites Maiſons, de toùtes
les raretez neceſſaires pour leur em-
belliſſement, afin qu'il n'y aye rien
à deſirer à leur perfection, & que
par l'abondance de telles ſingula-
ritez, elles deuiennent plus accom-
plies & plus capables de nous donner du contentement. Sur ce qui
nous a eſté propoſé par noſtre cher
& bien amé le Sieur de Gurlet, l'vn
de nos domeſtiques, de n'eſpargner
aucun ſoin , trauail, ny deſpenſe
pour recercher & tirer des Prouin-
ces eſtrangeres ce qu'elles ont de
plus curieux, pour en orner noſdites Maiſons & noſtre Royaume,
pourueu qu'il nous pleuſt luy ac-
corder & à ſes aſſociez ou ayans
droict de luy , la faculté & permiſ-
ſion de faire venir & entrer en no-

ſtredit Royaume, païs, terres, & ſei-
gneuries de noſtre obeïſſance, franchement & quittement, telles natures & eſpeces d'arbres, ſous les
conditions portées par les Articles
qui nous en ont eſté preſentez,
Auec defenſes à tous autres de ce
faire, ſi ce n'eſt de ſon conſente-
ment, ſes aſſociez ou ayans droict
de luy, durant trente années, ou tel
autre temps qu'il nous plairoit de
luy preſcrire. Ayans conſideré la-
dite propoſition, & ce qui nous a
eſté repreſenté d'ailleurs par au-
cuns de nos plus ſpeciaux Serui-
teurs, que peu ou point de nos Subjets n'ont iuſques icy entrepris d'al-
ler querir ces arbres ſur les lieux,
mais ſe contentent d'en acheter de
certains Marchands eſtrangers qui
en amenent en noſtredit Royau-

me, la pluſpart mal conditionnez & de rebut, & pour de mauuais plans dont ils déchargent leur Païs, remportent beaucoup d'argent de France. Ioint auſſi que s'il eſtoit indifferemment permis à tous nos Subjets de ſe meſler de ce negoce, outre que ce ſeroit accroiſtre le profit des Eſtrangers chez qui ces arbres naiſſent & ſont éleuez, & leur donner ſujet de les tenir à plus haut prix, voyans qu'on les iroit chercher & acheter chez eux à la foule, Il y auroit dauantage à craindre que pluſieurs de noſdits Subjets qui viuent du commerce, pour s'imaginer en cettui-cy vn plus grand gain, ou quelque choſe de plus agreable qu'en celuy dont ils font profeſſion, ne s'y occupaſſent entierement, & ne vinſſent à quitter

le trafic où ils ont esté nourris &
éleuez, pour s'adonner à vn autre
qui leur seroit noueau, & dont
pour n'auoir aucune cognoissance,
ils tireroient plus de perte que d'v-
tilité, & plustost leur ruine que leur
aduancement. A CES CAVSES,
& autres bonnes considerations à
ce nous mouuans, agreant les pro-
positions qui nous ont esté faites
par ledit de Gurlet, de nous fournir
en la presente année la quantité de
deux cens pieds desdits arbres, O-
rangers, Citronniers, Spadafores,
Pontcilliers, Grenadiers, Mirthes
& Iassemins d'Espagne ou d'Italie,
pour estre distribuez és Orangeries
de nosdites Maisons royales par
forme de droict d'entrée, dont mes-
mes il en auroit deliuré par aduance
vne partie pour celle de Sainct Ger-

main, ſuiuant nos commande-
mens, & fait voir par la beauté &
bonne condition deſdits arbres, ce
que nous deuons nous promettre
pour l'accompliſſement de noſtre
deſſein, de ſes ſoins, induſtrie & de-
uotion à noſtre ſeruice : & outre ce,
de nous en fournir encores deux
douzaines par chacun an pour chacune de noſdites Orangeries, le
nombre de chaque eſpece preſcrit
par les Articles que nous luy auons
accordé, & de la grandeur & qua-
lité y ſpecifiée, ſoit pour remplacer
ceux qui s'y trouueront deperis, ou
pour en mettre aux lieux où il y en
aura beſoin, N o v s luy auons, de
nos certaines ſcience, pleine puiſ-
ſance & authorité royale, confor-
mément à noſdits Articles cy atta-
chez ſous le contre-ſeel de noſtre
Chancel-

Chancellerie, & iceux confirmans, permis, accordé, & octroyé, permettons, accordons, & octroyons par ces presentes, signées de nostre main, de faire venir & entrer en tels lieux & endroits de nostredit Royaume, pays, terres, & seigneuries de nostre obeïssance, par telles personnes que bon luy semblera, priuatiuement à tous autres, toutes sortes & especes d'Orangers, Citronniers, Spadafores, Grenadiers, Mirthes, & Iassemins d'Espagne, d'Italie, & d'autres Pays estrangers, franchement & quittement de tous imposts, subsides, peages, doüanes, doüanelles, table de mer, gabelle de port, & autres droicts generalement quelconques, tant à nous deubs qu'aux Particuliers, attendu que iusques à present n'en a esté

B

par nous impofé aucun fur les arbres, & que partie d'iceux eft defti-
née pour noftre feruice, & pour
l'ornement de nos Maifons royales,
& ce durant le temps de dix années,
à commécer du iour de l'enregiftre-
ment & publication defdites pre-
fentes; Pendant lequel temps nous
auons fait & faifons tres expreffes
inhibitions & defenfes à toutes perfonnes de quelques conditions que
elles foient, de faire venir & entrer
en noftredit Royaume , directe-
ment ou indirectement, par voye
de tranfit, & en quelque autre forte
& maniere que ce foit, les arbres cy-
deffus fpecifiez & efdits Articles, fi
ce n'eft du confentement dudit de
Gurlet ou de fes affociez , leurs
hoirs, fucceffeurs, ou ayans caufe &
droict, fur peine à chacun des con-

creuenans, de trois mil liures d'a-
mende, applicables, vn tiers à hous,
vn tiers aux Hofpitaux des lieux où
les faifies defdits arbres feront faites, & l'autre tiers audit de Gurlet &
fes affociez le tout payable fans de-
port, auec defpens, dommages, &
interefts, & confifcation defdits arbres & plans à fon profit, & de fef-
dits affociez ou ayans caufe, non-
obftant tous paffeports qui leur en
auront efté ou feront expediez, lef-
quels nous auõs dés à prefent comme deflors reuoquez & reuoquons,
Defendans tres-expreffément à qui-
conque foit, de s'en feruir, fous
quelque caufe ou pretexte que ce
puiffe eftre, fur les peines fufdites.
Outre laquelle permiffion, nous
auons encores acçordé & octroyé
audit de Gurlet, fes affociez ou

ayans caufe , de faire venir & entrer
en noftredit Royaume durant lef-
dites dix années, toutes natures &
efpeces de Palmiers , Cappriers,
Philirea , Oliuiers , Mirthes dorez,
Chamelea , Italica , Chefne-vert ou
Mefpilus Epimelis , Cotinus ou
Coccigria , Sabina , Baccifera ou
Serbin de Marfeille , Licius des Al-
pes ou Buys Efpineux, Apharca, Al-
ternus, Rhánus, Therebinte, Alker-
mes , Phelodris, Lieges, Piftachiers,
& autres arbres & plans conferuans
leur verdure, auec les immunitez &
franchifes de tous impofts & droits
cy deffus exprimez , Et defenfes à
toutes perfonnes d'en faire venir,
fur les mefmes peines que deffus, à
la charge & condition que lors que
nous defirerons faire vn Iardin par-
ticulier defdits arbres en noftre

Maison de Verſailles, ou autre, ledit de Gurlet ſera obligé de nous en fournir à ſes frais & deſpens, la quantité de chacune eſpece qu'il aura ou pourra faire venir, reglée par noſdits Articles.

Sɪ ᴅᴏɴɴᴏɴs ᴇɴ ᴍᴀɴᴅᴇ-ᴍᴇɴᴛ à noſtre tres-cher & feal le Sieur Seguier, Cheualier, Garde des Sceaux de France, que ceſdites preſentes il face lire, publier, & regiſtrer, l'Audience du Sceau tenant, & du contenu en jcelles & aux Articles y ioints, face iouïr & vſer pleinement & paiſiblement ledit de Gurlet, ſes hoirs, aſſociez ou ayans cauſe & droiſt durant ledit temps de dix années, ſans permettre qu'il leur ſoit fait, mis, ou donné aucun trouble ny empeſchement, nonobſtant oppoſitions ou appellations

quelconques , clameur de Haro,
chartre Normande, Couſtume des
Pays, & priſes à parties, pour leſ-
quelles & ſans prejudice d'icelles, ne
voulons eſtre differé, dont ſi aucu-
nes interuiennent, nous auons re-
ſerué la cognoiſſance à nous & à
noſtre Conſeil , & icelle interdite à
tous autres nos Iuges. MANDONS
en outre à noſtre tres-cher & tres-
amé Couſin le Cardinal Duc de Ri-
chelieu , Grand Maiſtre , Chef &
Surintendant General de la Naui-
gation & Commerce de France, &
ſes Lieutenans és Sieges de l'Admi-
rauté, à tous nos Lieutenans Gene-
raux, Gouuerneurs de nos Prouin-
ces & Villes , Baillifs, Seneſchaux,
Iuges ou leurs Lieutenans, Preuoſt
de Marchands, Viguiers , Maires,
Conſuls & Eſcheuins de noſdites

Villes, Capitaines, Gardes des Por-
tes & de nos Ponts, Ports, Haures,
Peages & Paſſages, & à tous autres
nos Officiers & Subjets qu'il appar-
tiendra, qu'ils ayent à tenir la main
en ce qui dependra d'eux à l'execu-
tiõ de ceſdites preſentes, deſquelles
dautant qu'on pourra auoir affaire
en pluſieurs & diuers lieux, nous
voulõs qu'aux copies d'icelles deuë-
ment collationnées par l'vn de nos
amez & feaux Conſeillers, Notaires
& Secretaires, foy ſoit adiouſtée
comme au preſent original : CAR
tel eſt noſtre plaiſir. En teſmoin
dequoy nous y auons fait mettre
noſtre Sceel. DONNE' à Sainct Germain en Laye le vingtiéme iour
d'Auril, l'an de grace mil ſix cens
trente-quatre, & de noſtre regne le
vingt-quatriéme. Signé, LOVIS:

& sur le reply, Par le Roy, DE LO
MENIE, & sceellé du grand Sceau
cire iaune. Et encor est écrit:

Leües , publiées , le Sceau tenant , de
l'Ordonnance de Monseigneur Seguier,
Cheualier, Garde des Sceaux de France,
moy Conseiller du Roy en ses Conseils,
& Grand Audiencier de France present,
& registré és Registres de l'Audience de
France. A Fontainebleau le dixiéme
iour de Iuin 1634. Signé, LYONNE.

Collationné à l'Original par moy Conseiller
Secretaire du Roy & de ses Finances.